Le Swing Trading Avec Le Graphique En 4 Heures

Partie 2 : Tradez les faux signaux!

Traduit de l'anglais par Carolane de Palmas

Heikin Ashi Trader

Sommaire

1. Une feinte de la meilleure qualité ! 3
2. Comment identifier les faux signaux (fake trades) ? 13
3. Comment trader les faux signaux (fake trades) ? 25
4. Les faux signaux (fake trades) sur les graphiques d'analyse technique 35
    A. Drapeaux 36
    B. Triangles 40
    C. Canaux de tendance 44
5. Trader les taux de change entre deux devises (cross rate) 48
6. Images plus complexes 51
    Glossaire 54
    Autres livres de Heikin Ashi Trader 58
    À propos de l'auteur 68
    Impression 69

1. Une feinte de la meilleure qualité !

Les marchés financiers sont devenus plus efficaces à l'ère de l'informatique. Ils sont si efficaces qu'ils peuvent se permettre toutes sortes de feintes qui mettent les traders privés en permanence à l'épreuve. L'analyse technique ne fonctionne plus, et il y a des nombreux débats à ce propos. Les algorithmes et les boîtes noires ont tellement secoué le jeu qu'on ne peut plus trouver de configurations raisonnables, encore moins les traders.

Ces plaintes ne sont pas nouvelles et sur la question de savoir si les marchés étaient plus faciles à trader avant l'apparition des ordinateurs, seulement ceux qui étaient là à l'époque et tradent encore aujourd'hui peuvent répondre mais ils ne sont pas très nombreux. La question devrait donc être : puis-je regarder les marchés et utiliser les feintes, le stop-fishing, les jeux et les algorithmes du Big Money à mon avantage ?

La réponse est un grand OUI ! Avec la pratique, vous pouvez trouver ces astuces sur un graphique et identifier les intentions sous-jacentes. Vous pouvez même développer une stratégie de trading extrêmement rentable exclusivement basée sur la détection des soi-disant « faux signaux » ou « fakeouts ». Une telle stratégie correspondrait aux réalités des marchés d'aujourd'hui au lieu d'essayer de « battre le marché » avec des méthodes dépassées.

De même que l'intelligence mise en commun, tous les acteurs des marchés financiers ont appris de nouvelles leçons. Cependant, bien que la complexité ait incontestablement augmenté, les mêmes figures peuvent être observées à plusieurs reprises. Bien que celles-ci soient basées sur les règles habituelles de l'analyse technique, cette dernière les mène en partie à l'absurdité, pour ne pas dire qu'elle joue un petit jeu avec elles et leurs attentes.

La feinte est devenue la règle et de nombreux traders ont avidement incorporé l'analyse technique qui semble s'égarer. Avec une légère exagération, on pourrait dire pour les marchés d'aujourd'hui : d'abord que la feinte se produit et qu'ensuite c'est le mouvement réel qui apparaît. Ceux qui cataloguent ça comme un petit poisson peuvent aller nager avec les requins. Puis, le trading devient à nouveau un réel plaisir, ce qu'il devrait être à mon avis, peu importe ce que certains peuvent dire sur l'ennui nécessaire au bon trading.

Qui fait de l'observation de la tromperie ou des faux signaux, le premier principe de philosophie du trading, observe en même temps les intentions des grands acteurs. Ceux-ci sont ceux qui finissent par diriger l'orchestre. Les suivre est ce qu'il faut faire et ce n'est jamais faux de le faire !

On pourrait dire : « On pourrait les reconnaître à leurs faux signaux ! ». Ce sont les gros joueurs qui sont en mesure de briser les supports ou les résistances qui ont été construites sur plusieurs jours et de faire du stop-fishing qui attend à ces niveaux ainsi que de facilement faire de faire en sorte que le marché reprenne la direction dans laquelle il évoluait. Les personnes moins capitalisées ne peuvent pas le faire. Une image vaut autant que mille mots :

Image 1 : Future sur pétrole, graphique en 4 heures

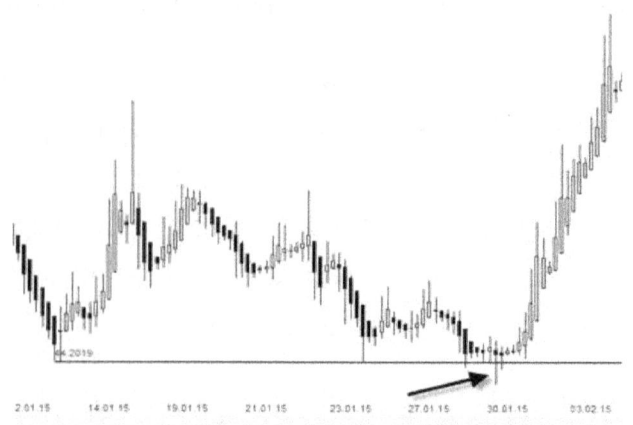

Cet exemple du future sur le pétrole brut illustre bien ce que nous avons dit ci-dessus. Nous voyons que le future sur le pétrole brut a buté sur un support à 44,20$ le 13 janvier 2015 (ligne horizontale dans le graphique). Ce support a duré environ 2 semaines et a été testé plusieurs fois (8 fois).

Le 29 janvier, le marché a cassé ce support (flèche) et les contrats à terme sur le pétrole ont temporairement plafonné à 43,57$. Cette percée à la baisse aurait déclenché un signal de vente à découverte d'après l'analyse technique classique et je suis convaincu que de nombreux traders ont effectivement tradé ce signal.

Peut-être qu'ils ont reçu un signal sonore de leurs plateformes de trading que « le marché » était tombé en dessous de 44,20$. D'autre part, ils ont pu placer un ordre de ordre de vente sous le niveau des 44,20$. Une telle décision n'est pas, selon la doctrine classique, illogique. Après tout, le future avait testé cet important niveau de support dans les semaines précédentes 8 fois.

En d'autres termes, tous les acteurs du marché ont observé ce niveau de support et l'ont probablement - comme je l'ai fait - marqué avec une ligne horizontale sur leurs graphiques. La question classique était donc : le support sera-t-il maintenu ou le prix du pétrole continuera-t-il à baisser?

Cependant, c'est exactement cette question classique qui détourne les analystes techniques non formés. Le Smart Money (argent intelligent) est évidemment bien conscient que les petits joueurs se posent cette question. Alors que le breakout du 29 Janvier est arrivé, la décision semblait être de Vendre à Découvert ! Maintenant, nous voyons sur le graphique que cette décision était fausse : le future s'attarda quelques heures sous le niveau des 44,20$ mais les prix se sont très rapidement retournés. Le prix de clôture de la bougie du breakout était supérieur au niveau de 44,20$. Le présumé signal de vente à découvert était donc une déception/tromperie parce que le prix de clôture en 4 heures devrait au moins avoir été inférieur au support.

Les « ours » (les vendeurs à découvert) ont temporairement réussi à compresser le prix sous le support mais les « taureaux » (les acheteurs) ont immédiatement saisi l'occasion pour entrer de nouveau sur le marché à bas prix.

Il y avait évidemment plus d'acheteurs que de vendeurs, le prix a donc évolué à la hausse, ce qui peut être visualisé par l'ombre longue des bougies sur le graphique Heikin-Ashi. Les adeptes de la représentation en chandeliers identifieront ce modèle comme un « marteau » qui est généralement interprété comme une figure haussière.

La plupart du temps cependant, vous êtes plus susceptibles de trouver le terme « Pin Bar » pour « Pinocchio's Bar ». En d'autres termes, la longue et étroite ombre de la bougie symbolise le nez de

Pinocchio, ce qui veut dire qu'ici un mensonge est en train d'être dit.

La rupture à la baisse a donc été considérée comme un échec ou une déception. Je vais continuer à en parler dans ce livre avec le terme de faux signaux (« fakeout ») pour la simplicité. C'est d'ailleurs le terme utilisé pour ce phénomène par de nombreux traders.

Seuls les grands traders fortement capitalisés sont en mesure de casser un tel support en général. Une chose est claire : puisque tous les acteurs du marché observent le niveau de support pendant des semaines, de nombreux chasseurs d'affaires sont prêts à acheter le marché dès que le prix se rapproche du niveau d'un support.

De plus, de nos jours, c'est presque une règle que les grands joueurs aiment jouer un petit jeu avec les enfants en prétendant tous qu'à partir de maintenant (après le breakout vers le bas) : une nouvelle phase s'est produite, à savoir que le marché va continuer de chuter. Les chasseurs de bonnes affaires, qui ont naturellement couvert leurs positions longues avec un ordre stop-loss légèrement inférieur au support, seront arrêtés par la chute soudaine du prix.

En outre, les ordres de vente (ce sont les ordres de ceux qui parient sur la chute des prix) sont exécutés et poussent le marché plus bas.

C'est le moment que les grands joueurs ont tant attendu ! Parce que la somme de l'histoire est que dans de nombreux cas, les soi-disant « vendeurs » et les soi-disant « acheteurs » sont souvent les mêmes acteurs. Avant d'avoir poussé le marché vers le bas, ils ont depuis longtemps placé d'importants ordres d'achat au-dessous des mêmes niveaux de stop-loss. Ces ordres d'achat interceptent le marché et ce dernier commence à augmenter de nouveau.

Les vendeurs à découvert se rendent compte soudainement qu'ils ont parié sur le mauvais cheval et ils sont incités à couvrir leurs positions courtes en rachetant leurs contrats. Cela pousse le marché plus haut et bientôt le marché est de retour à l'endroit où il était pendant des semaines, soit au-dessus de 44,20$.

Après ce choc, bien sûr, personne ne va vendre à découvert à nouveau. Le résultat peut être vu clairement sur le côté droit du graphique. Quelques heures après que le breakout ait échoué, le marché commence à monter comme s'il n'y avait pas de lendemain. Le prix du pétrole a augmenté de 10$ en quelques jours. La beauté des bougies Heikin-Ashi est que le trader peut correctement identifier cette tendance.

Les grands joueurs se sont fait plaisir et ont été en mesure de réaliser des profits énormes après leur entrée sur le marché en dessous du support avec un risque quasi nul. La feinte était parfaite. Les petits traders (les chasseurs d'aubaine et les traders qui ont vendu à découvert) ont été catapultés hors du marché avec une perte par le faux signal et ils n'osent maintenant pas prendre de nouvelles positions. Le Smart Money a encore une fois réussi à berner tout le monde.

Vous rencontrerez ce phénomène à plusieurs reprises sur les marchés d'aujourd'hui. On pourrait parler d'une figure de base et ceux qui comprennent cela peuvent développer une stratégie très rentable basée uniquement sur l'observation de telles tromperies ou faux signaux. De plus, mon activité de scalping de cette figure est devenu mon gagne-pain.

2. Comment identifier les faux signaux (fake trades) ?

Les feintes ou faux signaux peuvent se produire n'importe où, sur tous les marchés possibles et ils ne sont pas toujours apparents. Je veux énumérer quelques conseils sur l'endroit et la façon de mieux reconnaître et trouver ces faux signaux. Vous trouverez qu'ils apparaissent généralement moins sur les marchés en tendance, surtout quand ils se produisent avec un volume élevé.

Ce type de marché est très difficile à manipuler puisque les participants du marché sont d'accord sur la direction du marché : acheter ou vendre le marché. En outre, les marchés en tendance attirent l'attention de dizaines de milliers de traders qui veulent profiter de la forte tendance.

Si vous étudiez les graphiques des marchés qui sont dans une tendance claire, vous verrez dans la majorité des cas le développement régulier des prix. Cela se reflète clairement dans la représentation en chandeliers et encore mieux avec les graphiques Heikin-Ashi.

Si un marché augmente brusquement, vous ne verrez souvent que des bougies blanches sur le graphique Heikin-Ashi car il enregistre seulement des bougies noires quand le marché est dans une tendance à la baisse claire. Ces marchés ont un suivi important, en tant que règle générale, ils sont plus faciles à trader et difficile à manipuler.

Lorsque la tendance n'existe plus ou a atteint son objectif, le marché évolue généralement dans des eaux plus calmes avec une volatilité qui diminue. Habituellement, il évolue alors plutôt de manière latérale ou se déplace dans un « **range** » comme les traders disent.

Un range n'est rien d'autre qu'une zone dans laquelle le marché se déplace quelque temps sans destination claire. La raison de l'émergence d'un range peut être variée. Après une forte tendance, il est naturel que le marché veuille « se reposer » un peu. Les nouvelles et les fondamentaux récents sont maintenant pricés dans les cours et les participants du marché semblent plus ou moins d'accord sur le prix au niveau du prix actuel.

Une autre raison pourrait être simplement l'absence de nouvelles pertinentes. L'absence de données économiques majeures, comme les rapports sur le marché du travail ou les décisions relatives aux taux d'intérêt, signifie souvent que la paire de devises va évoluer de manière latérale sans grande fluctuation.

Bien sûr, cela se produit également lorsque les acteurs du marché s'attendent à des publications de données importantes. Beaucoup de traders pourraient ne pas être en position avant la publication. Il semble alors que le marché flotte sans direction claire : c'est plus un marché pour les day traders et les scalpeurs.

De temps en temps, le prix saute comme des balles de Ping-Pong sans vraiment quitter le range. Beaucoup de traders, qui s'appuient sur les tendances, n'ont aucun intérêt pour ce range et cherchent de meilleures opportunités dans d'autres marchés où il peut y avoir de meilleures chances.

Il est donc important de savoir si un trader est clair sur ce qui est actuellement en jeu dans tel ou tel marché. Est-ce que le marché ralentit après une forte tendance et rassemble maintenant ses forces pour le prochain mouvement ? Les participants s'attendent-ils à des nouvelles importantes qui leur donneront un aperçu de l'orientation future du marché ? Si non, y a-t-il quelque chose qui se passe sur ce marché ?

Comme peu de traders s'intéressent à un marché sans tendance, le volume est naturellement plus faible. Cependant, c'est exactement le type de marché dans lequel les faux signaux ont tendance à se produire. S'il n'y a que quelques joueurs qui sont impliqués, il est naturellement plus facile pour un joueur de taille moyenne de déplacer le prix pendant une courte période dans l'une ou l'autre direction.

Surtout quand le prix est vers le bas du range (support) ou proche du haut du range (résistance), il est tentant de feindre un faux signal pour un trader bien capitalisé. Il sait qu'il y a toujours beaucoup de traders prêts à répondre à la manœuvre. Ils soutiennent donc consciemment ou inconsciemment le joueur de poker tout-puissant dans ses intentions, en échangeant par exemple le faux signal ou en vendant à nouveau dès que breakout se révèle être un faux signal.

Les pauvres personnes sont dans ce cas ces traders qui tradent le breakout lui-même. Dès qu'ils sont sur le marché, nos traders voient leurs positions changer et elles sont en perte. Finalement, ils se rendent compte qu'ils ont parié sur le mauvais cheval et doivent fermer leurs positions en perte qui exercent naturellement une pression supplémentaire sur le marché. C'est pourquoi, parfois, vous voyez sur les graphiques après un faux breakout, des ventes tout à fait spectaculaires.

Il est donc préférable d'attendre le breakout et s'il s'avère être un faux, il faut agir dans la direction opposée. Dans une légère exagération, on pourrait dire que les amateurs tradent le breakout et que les professionnels tradent le faux signal. Cependant, bien sûr, il faut toujours être vigilent. Pas tous les breakouts sont de faux signaux et certains ne sont en réalité que le début d'un mouvement d'une nouvelle tendance. Dans ce cas, le trader devrait fermer sa position rapidement.

Puisque les faux signaux apparaissent souvent aux niveaux des prix que nous appellerons dans l'analyse technique : le support et la résistance, nous nous attendons donc à des mouvements de prix réguliers et prévisibles. Un support ne signifie rien de plus que la pression acheteuse à un certain niveau de prix qui est juste légèrement supérieur à la pression vendeuse. Par conséquent, cela ne signifie pas qu'il n'y ait pas de vendeurs. Cela ne doit pas être oublié, même si le graphique suggère que « le marché » se retourne ici, il ne s'agit pas de penser que tous les vendeurs ont soudainement disparu.

Néanmoins, je pense que le concept de support et de résistance continue d'offrir d'excellentes opportunités de trading, uniquement pour des raisons de ratio risque/rendement. Beaucoup de traders rentables font juste cela : ils achètent le support et vendent la résistance.

Pour qui cela semble être trop facile, ou qui est d'avis qu'il y a trop de faux signaux sur les marchés d'aujourd'hui, vous devriez traiter l'idée de faux signaux. Vous pourriez être un trader de faux signaux comme trader qui surveille les événements sur les supports et les résistances. S'il identifie un faux signal, il obtient immédiatement une opportunité de trading, quelle que soit la distance ou la proximité du prix cible.

Cela va de soi que de nombreux scalpeurs profitent de cette circonstance et sont qualifiés de traders de faux signaux. Néanmoins, si leurs cibles de prix sont naturellement plus courtes que celles du swing traders, ils ont la même intention et aident à remettre le marché dans le sens de la tendance majeure.

J'aime appeler le trader de faux signaux, le trader astucieux qui fait exactement le contraire d'un trader spécialisé dans les breakouts. Ce trader met simplement un ordre d'achat au-dessus d'une résistance et un ordre de vente sous le support dans l'espoir que le breakout pourrait réussir. Cette approche peut parfois fonctionner. Mais il est plus probable, cependant, que ce type de trader soit la victime de faux signaux.

Un trader de faux signaux attend et observe comment les événements sur la résistance et le support évoluent. Si un breakout se produit, il l'observe dans un premier temps. Est-ce que le breakout est réel ? Alors il le laissera courir. Il ne prend aucune position et ne saute certainement pas dans le train. Avec cette approche, il laisse les débutants penser que la situation la plus probable c'est que tout soit condamné.

Si le breakout est identifié comme un faux signal, alors ce n'est qu'à ce moment là que c'est une opportunité pour ce type de trader. Vous pouvez donc comparer un trader de faux signaux à un tireur d'élite qui peut attendre parfois pendant des heures pour la meilleure chance de faire un tir parfaitement réussi. Un trader de faux signaux est donc naturellement, un trader patient.

Cela ne signifie pas que le trading de breakout ne fonctionne plus. Le trading de breakout fonctionne très bien et est une stratégie de trading légitime. Le trader de breakout devrait cependant être un maître pour reconnaître les faux breakouts et essayer d'éviter de les trader.

Surtout si les nouvelles attendues sont publiées, le breakout du range réussit souvent et peut transformer un marché dans une tendance presque sans fin pendant les jours. Ça, aussi, le trader qui s'appuie sur des faux breakouts, devrait le savoir. Dans les deux cas, le trader devrait certainement travailler avec un stop-loss de protection qui préserve le capital du trading contre les pertes majeures.

Le problème est précisément que les faux breakouts sont maintenant la règle et les vrais breakouts sont en général l'exception. Le breakout réussi doit donc fournir un gain très élevé pour compenser les nombreuses petites pertes que les faux signaux apportent. Le trading des breakouts peut donc être très frustrant lorsque vous attendez un taux de succès élevé.

En outre, pas tous les faux signaux ne doivent être considérés comme égaux. Un faux signal contraire à la tendance majeure est une occasion beaucoup plus intéressante qu'un faux signal dans le sens de la tendance. La raison est simple : si la tendance principale est à la hausse, un faux signal vers le bas du range peut être une excellente occasion pour une position longue. L'exemple du pétrole brut (Image 1) illustre très bien ce fait.

Certains traders pensent (et je partage cette opinion !) que les faux signaux contre la tendance majeure peuvent être considérés comme les meilleures opportunités de trading que vous pouvez trouver sur les marchés d'aujourd'hui. Au moins pour des raisons de ratio risque/rendement. Il est certainement utile de s'engager avec cette configuration en tant que swing trader. Je montrerai à cet égard plusieurs exemples dans ce livre.

Les faux breakouts dans la direction des grandes tendances sont généralement des trades à court terme. Le meilleur prix cible, qu'un trader peut s'attendre dans ce cas, est l'autre extrémité du range. Par conséquent, si la résistance a été franchie à court terme et que le trader identifie ce mouvement comme un faux signal et est donc court, alors sa cible est le support du range.

Dans ce cas, cependant, le trader doit toujours être conscient que ce faux breakout ne pourrait être que la première tentative et qu'à tout moment un breakout dans la direction de la tendance pourrait très bien réussir. Atteindre le prix cible (l'autre extrémité du range) n'est en aucun cas garanti. Donc, toujours garder l'image des conditions de marché générale à l'esprit lorsque vous tradez un faux signal.

Image 2 : FDAX, graphique Heikin-Ashi en 4 heures

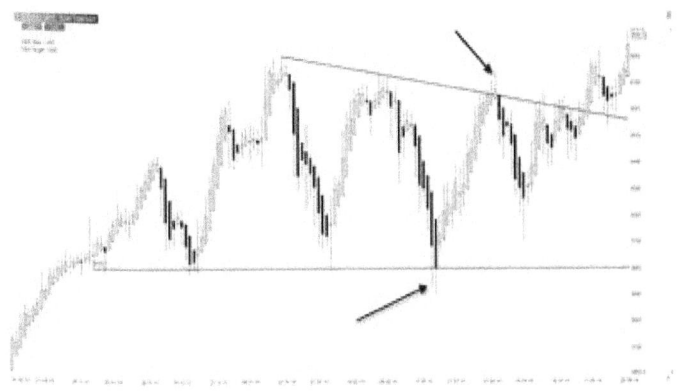

Dans cet exemple sur le **FDAX**, nous voyons d'abord un faux breakout contre la tendance principale (flèche vers le bas). Le but de ce trade était l'extrémité supérieure du range, qui a été effectivement atteinte. Le deuxième faux breakout a eu lieu dans la direction de la tendance majeure (flèche sur le dessus). La cible du trade était la ligne de support du dessous. Cet objectif n'a pas été atteint et nous voyons qu'après deux autres tentatives à la hausse réelle, le breakout a finalement réussi (dans le sens de la tendance majeure).

Le trader doit donc constamment se rappeler qu'il peut trader contre la tendance majeure bien que les meilleures opportunités sont généralement trouvées avec la tendance.

3. Comment trader les faux signaux (fake trades) ?

Toute stratégie de trading doit avoir des règles claires et la « stratégie de trading des faux signaux » ne fait pas exception. L'identification des faux breakouts appartient aux stratégies de trading avancées. Le trader va devoir faire face à des trades perdants comme partout ailleurs. Il est donc impératif que vous appliquiez les règles de gestion du risque et de l'argent ici aussi.

Surtout, vous devriez suivre les trades avec de bons ratios risque/rendement. Un RRR de 1:2 est probablement le minimum que vous devriez atteindre, le mieux serait bien sûr 1:3, voire plus. J'ai résumé ci-dessous quelques points importants que je considère quand je trade avec une stratégie de trading des faux signaux.

Rien n'est gravé dans la pierre et il y a certainement des variations que je n'ai pas mentionnées. Néanmoins, cela va pouvoir vous aider à démarrer avec cette stratégie. Avec l'expérience, vous serez en mesure de reconnaître les faux signaux sur les graphiques et de développer vos propres configurations.

1. Recherchez les zones de consolidation sur le graphique. Vous pouvez les reconnaître si le prix se déplace dans un range étroit et qu'il y a donc peu de volatilité.

2. Si possible, essayez de rendre le range visible en utilisant des lignes de tendance. Au moins deux contacts avec la ligne doivent se produire, de sorte qu'elle soit valable et valide. Plus les prix la touche, mieux c'est.

3. N'essayez pas de trader le breakout de ce range mais attendez de savoir si le breakout va réussir ou s'il s'agit d'un faux signal.

4. Après avoir identifié un faux signal, vous ouvrez une position après la bougie du breakout dans la direction opposée du breakout. Si le prix de clôture de la bougie est encore en dehors du range, attendez la(les) prochaine(s) bougie(s) car dans ce cas, il pourrait y avoir un vrai breakout.

5. Dans ce dernier cas, le marché devrait revenir relativement rapidement dans le range. Dans le graphique en 4 heures, cela devrait être fait après 3-5 bougies au plus tard. Sinon, je préférerais renoncer au trade.

6. La cible de prix pour les trades de vente à découvert est le support du range (ligne inférieure du range). L'objectif de prix pour les trades longs est la résistance du range (ligne supérieure).

7. Le stop-loss : vous devriez toujours le mettre un peu au-dessus du haut de la bougie du faux signal (avec des breakouts vers le haut) et un peu sous la bougie du faux signal (avec des breakouts vers le bas).

8. Vous devriez au moins atteindre un ratio de risque/rendement de 1:2. Si la distance par rapport au stop-loss est par exemple de 50 PIPs, votre objectif de prix devrait être d'au moins 100 PIPs. Sinon, je renoncerais au trade.

Il est important de ne pas voir de breakout explosif, la résistance se rompt verticalement vers le haut (ou vers le bas au niveau d'un support), parce que cela pourrait traduire que le sentiment du marché a effectivement changé et que le breakout est réussit, ou que vous commenciez à voir le début d'une forte tendance.

Vous devriez plutôt observer un mouvement plus petit, de préférence avec une ombre au-dessous ou au-dessus de la bougie. Un bon signe est le doji ou les toupies juste après la bougie du breakout car ils indiquent un comportement hésitant après le breakout. En d'autres termes, si aucun momentum réel ne se produit, cela pourrait être une indication que vous avez affaire à un faux signal.

Image 3 : Doji et Toupies (spinning tops)

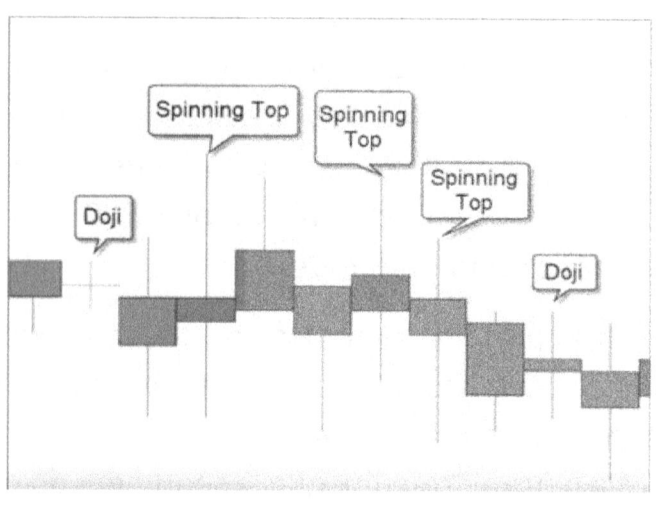

Surtout quand les nouvelles sont de faible importance, vous devriez être sceptique au sujet des éventuels breakouts. Ce que le catalyseur pourrait être, si ce n'est pas des changements de nouvelles importantes, la perception d'un marché par les participants du marché qui permet ainsi une nouvelle tendance. En l'absence d'un tel catalyseur, vous devriez plutôt vous attendre à de faux breakouts.

Pour résumé, les **critères suivants** peuvent être définis :

- Un support ou une résistance significatif et valide doit être déterminé (minimum deux tests)

- Un faux breakout ou un faux signal qui a berné de nombreux acteurs du marché

- Le support (ou la résistance) a besoin doit être repris dans les plus brefs délais –plus le délai est court, mieux c'est.

Ces critères sont simples et clairs. Néanmoins, je vais illustrer ce phénomène dans ce livre par plusieurs exemples afin que vous puissiez l'identifier lors de l'étude des graphiques que vous faites par vous-même.

Une règle importante que nous pouvons voir sur l'image 1 cependant est que plus vite le faux signal se produit (ici dans une bougie de 4 heures), plus le mouvement ultérieur dans l'autre direction pourrait être significatif.

L'exemple de l'image 1 montre cela de façon impressionnante : le plus bas du 29 janvier était 43,57$. Si vous êtes en position longue à 44,20$ après le faux signal sur le support et que vous avez placé un stop-loss à 43,50$, vous prendriez un risque de 0,70$. Au mieux, vous pourriez avoir eu un gain potentiel jusqu'à 10$.

En d'autres termes, vous risquez 70 cents pour un bénéfice potentiel de 10$. Vous seriez donc entré dans un trade avec un ratio risque/rendement de 1:14. Ce sont des occasions exceptionnelles et je pense que lorsque vous faites du swing trading, vous devriez essayer d'identifier précisément ces occasions extraordinaires, parce que c'est ce dont nous parlons quand on parle de trading.

Image 4: EUR/JPY, graphique en 4 heures

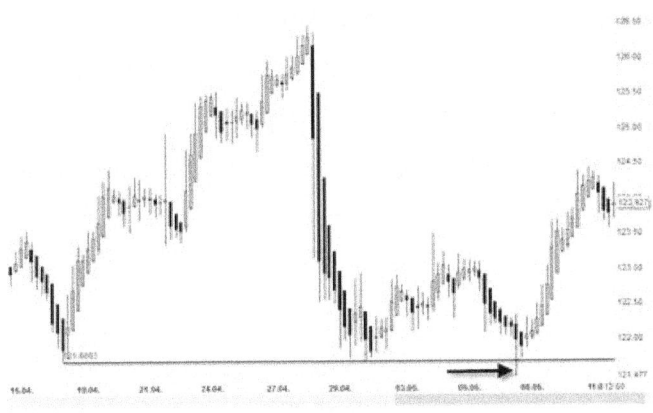

Un cas similaire s'est ouvert le 6 mai 2016 sur l'**EUR/JPY**. Ici, « le marché » a cassé pendant un court instant le support à 121,70 puis a évolué brièvement à 121,47. Ce n'était que 23 PIPs, mais nous voyons encore ici un rallye significatif de plus de 200 PIPs dans la direction opposée.

Dans ce cas, j'aurais acheté après la bougie du breakout à environ 122 et j'aurais placé un stop-loss à 121,40, c'est-à-dire légèrement en dessous du bas du faux signal. Par conséquent, j'aurais risqué 60 PIPs. Comme vous pouvez le voir, l'USD/JPY a augmenté au-dessus de 124. Par conséquent, vous avez risqué 60 PIPs pour gagner 200 et ainsi atteindre un ratio risque/rendement d'environ 1:3.

Si à la doctrine classique, vous aviez acheté le support au second test (au milieu du tableau), votre profit aurait été considérablement plus modeste. Cela paie surtout de garder un œil sur un faux signal pour obtenir une vraie bonne opportunité de trading.

Image 5 : E-mini, graphique Heikin-Ashi en 4 heures

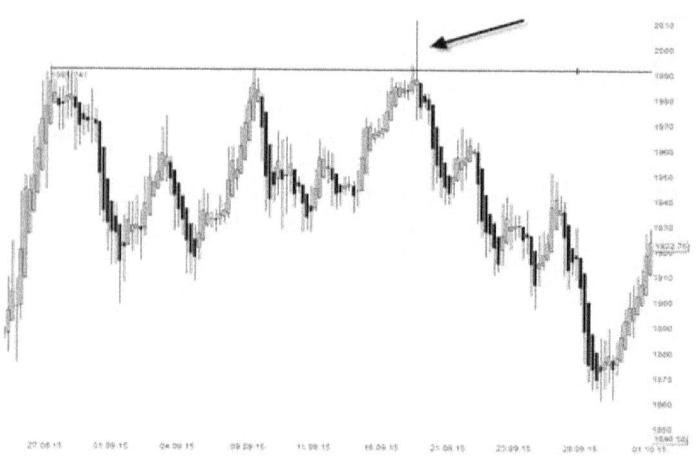

Ce qui est vrai pour les positions longues s'applique également aux positions courtes bien sûr - comme le montre clairement cet exemple sur le **future E-mini SP**. Dans ce cas, nous voyons que le marché rencontre le niveau psychologique des 2 000 points comme une nette résistance à 1 992,75 (ligne horizontale ci-dessus). Ce niveau a été testé 3 fois, jusqu'à ce que les « taureaux » aient commencé à attaquer le niveau des 2 000 (voir flèche) le 17 septembre 2015. Vous pouvez clairement voir comment ce niveau de prix a été réellement atteint pendant une courte période et même dépassé. Cependant, les prix sont retombés en quelques heures sous la résistance.

Ce mouvement nous montre un échec net des « taureaux ». Nous savons maintenant qu'il s'agissait sans doute d'une feinte de ces traders qui avaient déjà passé des ordres de vente importants au niveau des 2 000 points. Ils ont juste dû attendre que le « marché » retrouve` ce niveau brièvement afin que leurs ordres de vente puissent être exécutés.

Ce faux signal sur l'E-Mini s'est avéré être une excellente opportunité pour une position courte pour gagner au moins 50 points. J'aurais sécurisé la position avec un stop-loss à 2 001 points, parce que si le marché avait atteint ce niveau une 2e fois, le breakout aurait pu réussir.

Risquer 10 points pour en gagner 50 appartient aux bonnes habitudes de trading des swing traders. Cela correspond à un ratio risque/rendement de 1:5. Vous devriez essayer en tant que swing trader d'atteindre ces RRR. Vous allez augmenter votre rentabilité et vous avez simplement besoin d'un taux de réussite de 50% afin de construire une entreprise de trading très rentable.

4. Les faux signaux (fake trades) sur les graphiques d'analyse technique

Maintenant que nous connaissons les figures de base des faux signaux, nous pouvons les suivre dans différentes situations de marché. Ils se produisent généralement sur des points techniques graphiques distinctifs, parce que le Smart Money sait que beaucoup d'investisseurs privés cherchent ici des possibilités d'entrée. Il y a en plus beaucoup d'ordres stop-loss près de ces niveaux, et il est, comme nous l'avons déjà vu, facile pour le Smart Money d'activer ces stop-loss.

Ne vous laissez pas prendre et apprenez à voir à travers le jeu du Smart Money. De temps en temps, vous pouvez regarder leurs graphiques et ensuite vous devez saisir l'opportunité. Comme un petit poisson, vous pouvez aller nager avec ces requins, et je vous assure, le butin en vaut la peine !

A. Drapeaux

Image 6 : USD/JPY, graphique en 4 heures

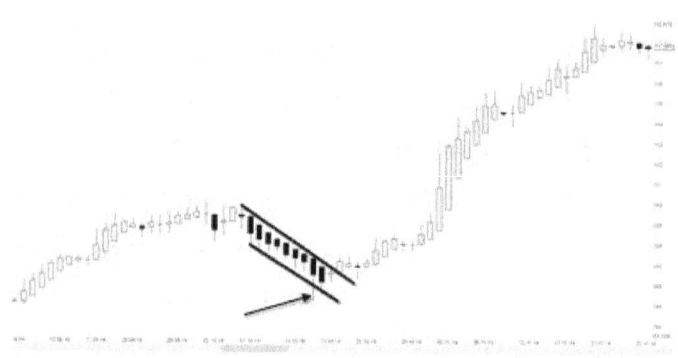

Dans cet exemple sur l'USD/JPY (Dollar US - Yen japonais), certains acteurs du marché jouent leur jeu avec les attentes de l'analyse technique classique. La paire évoluait dans une nette tendance à la hausse (bougies blanches sur le graphique), qui était, comme d'habitude, séparée par une courte consolidation et clairement identifiable (bougies noires au milieu du graphique).

Ces phases de consolidation sont généralement des mouvements opposés à la tendance qui finissent généralement dans le sens de la tendance principale. Dans ce cas, l'analyse technique parle d'un « **drapeau haussier** » parce que la tendance ascendante précédente ressemble au mât du drapeau et la consolidation opposée ressemble au drapeau. Bien sûr, il y a aussi des drapeaux baissiers.

Les analystes techniques aiment dessiner cette figure avec deux lignes de tendance parce que cette consolidation brève évolue souvent dans un canal de tendance étroit comme ici sur l'USD/JPY. L'attente classique est maintenant que ce canal de tendance va terminer vers le haut. Cela pourra se faire à la rupture de la ligne supérieure du canal. Ce serait le signal d'achat pour une autre vague du mouvement ascendant.

Cependant, comme nous pouvons le voir, c'est tout le contraire qui s'est passé. La ligne inférieure du canal a été touchée, déclenchant un signal de vente. Après tout, cette « pause » était bonne pour environ 100 PIPs. Ce glissement devrait donc avoir attrapé de nombreux adeptes de tendance qui avaient mis leur stop-loss trop près du marché.

Dans cet exemple, nous voyons cependant que le « vendeur » quitte bientôt le champ pour laisser la place à de nouveaux « acheteurs » qui ont acheté le marché dans le petit canal de tendance. Après une nouvelle bougie de consolidation dans le canal, un doji est alors apparu et la bougie suivante était la bougie du breakout tant attendue qui a, selon la doctrine classique, déclenché le signal d'achat.

Quiconque observait le faux signal, et donc l'intention des acteurs qui l'avaient mis en scène, aurait déjà acheté une fois que les cours seraient à nouveau dans le canal. Le trader des faux signaux sait que des mains très fortes maintenant (Smart Money) attraperait l'USD/JPY à tout moment, dès qu'il atteindrait le bas du canal. Le stop-loss de protection aurait pu être placé juste en dessous de l'ombre inférieure du faux signal.

De cette façon, le swing trader intelligent pourrait venir sur le marché à un prix beaucoup moins cher que ce qui aurait été le cas s'il avait attendu le breakout. Il avait établi un meilleur ratio risque/rendement que le trader qui aurait placé son stop-loss au-dessous du canal. Donc, ici aussi, un suivi attentif de l'action aurait conduit à une décision de trading plus intelligente.

En ce qui concerne les sorties, je m'en remettrais clairement à la couleur des bougies des graphiques Heikin-Ashi pour déterminer la tendance, notamment ici dans une telle tendance. Dans ce cas, plus de 1 000 PIPs auraient été un bénéfice monstre dans cette paire.

B. Triangles

Les triangles font également partie des instruments classiques des analystes techniques et appartiennent généralement aux figures dites de continuation. Cela signifie que l'anticipation des analystes est qu'un breakout de cette figure géométrique aura lieu dans le sens de la tendance majeure.

Image 7 : DAX, graphique en chandeliers en 4 heures

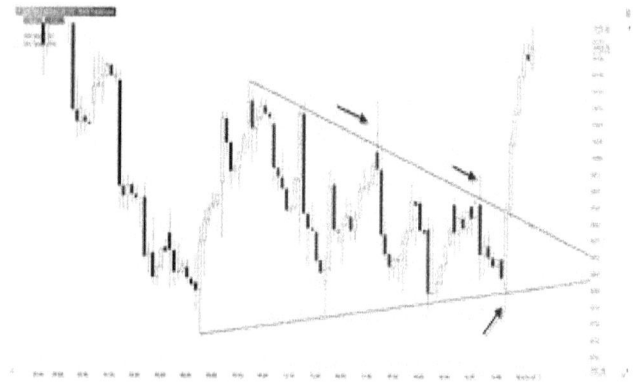

Cette image du graphique en 4 heures du DAX illustre cela. Nous voyons comment l'indice se retrouve dans un triangle symétrique après une tendance à la baisse. Ceci est caractérisé par la diminution de la volatilité. Au départ, la volatilité est toujours importante mais elle se réduit progressivement. Les hauts sont plus bas et les creux plus élevés, de sorte que la figure soit possible. L'analyste technique, reconnaissant la figure, le distingue sur le graphique principalement par deux lignes convergentes.

Dans cet exemple, il y avait initialement encore plus de faux signaux. Deux fois, des tentatives ont été faites pour franchir la ligne de résistance vers le haut (flèches du dessus) et cela a échoué deux fois. Un swing trader aurait pu être court ici deux fois. Le prix cible était à chaque fois : la ligne de support du triangle symétrique.

Maintenant, c'est la particularité d'un triangle symétrique, que le range de trading, tant qu'il existe, est toujours plus proche. Une décision s'impose ainsi, que ce soit dans l'une ou l'autre direction.

La troisième tentative de breakout réussit alors très bien et fut en effet convaincante. Nous voyons clairement comment les bougies à la hausse franchissent la ligne de résistance sans opposition. Le trader ne doit donc pas s'opposer à une telle démonstration de la puissance des taureaux. Rien que la bougie en elle-même englobait tout le range. Si vous regardez la réticence du marché avant le breakout, vous comprendrez qu'ici quelque chose de crucial a changé : les bougies sont à la fois clairement sans ombre significative et elles sont plus grandes que la plupart des bougies précédentes.

Les acteurs du marché s'attendaient à ce que le triangle symétrique, en tant que figure de continuation, sorte vers le bas et c'est arrivé au quatrième contact, mais « le marché » n'est tombé que brièvement sous la ligne. Peu après, le mouvement ascendant massif a commencé qui a déclenché le vrai breakout.

Le faux signal vers le bas, signifiait le début du breakout vers le haut. C'est aussi une feinte classique que vous verrez à plusieurs reprises dans les marchés d'aujourd'hui. Il est presque normal que la première fois, le prix semble aller dans la mauvaise direction avant que la véritable intention apparaisse alors. Par conséquent, le trader de faux signaux est une entreprise excitante et enrichissante à mes yeux.

C. Canaux de tendance

Image 8 : NZD/USD, graphique Heikin-Ashi en 4 heures

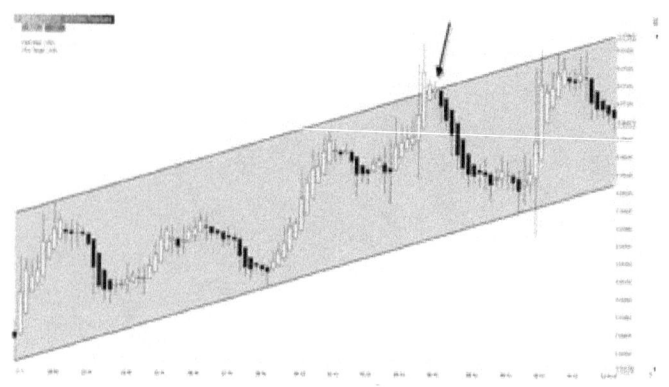

Les canaux de tendance sont également les outils favoris des analystes techniques. Ce sont des outils sensés et pratiques qui sont maintenant intégrés dans presque toutes les bonnes plateformes de trading. Le principe est simple : une fois que l'analyste a identifié une tendance, comme ces plus bas de plus en plus haut, comme dans l'image 8, il peut examiner si une ligne de tendance parallèle peut relier les hauts de la tendance.

Dans la paire **NZD/USD** (dollar néo-zélandais - dollar américain), c'était effectivement le cas. Les devises se déplacent bien dans un tel canal de tendance. Chaque test, que ce soit avec la ligne inférieure ou de support, ou avec la ligne supérieure ou de résistance, offre une opportunité pour le trader de faire un trading rentable. La cible de prix est généralement le prochain contact avec la ligne opposée.

Les traders qui aiment trader les canaux de tendance ont leurs stop-loss soit au-dessus de la ligne supérieure (pour les positions courtes), soit en-dessous de la ligne de support (pour les positions longues). Puisque les acteurs majeurs le savent, ils aiment faire une petite « sortie » au-dessus ou sous l'une des deux lignes pour voir combien de stop-loss ils peuvent « pêcher » de cette façon (stop fishing).

Avant qu'ils le fassent, ils ont depuis longtemps placés des ordres plus larges qui ont exactement l'intention contraire. S'ils tirent sur le dessus, comme dans cet exemple, ils conduisent les prix jusqu'à présent vers le haut jusqu'à ce que leurs ordres de vente soient exécutés par le biais de la ligne de résistance. Sous la pression des ordres de vente, le prix se retourne et finit par revenir à l'intérieur du canal. Un scalpeur intelligent peut sentir cela et sauter dans le train qui chute, ce qui accélère encore le mouvement.

La méthode avancée pour trader les canaux de tendance, dans le sens classique du terme, ne serait pas de trader le prochain test mais d'attendre et de voir si oui ou non certains faux signaux émergent ce qui représente un ressort élastique beaucoup plus fort dans l'autre sens, puisqu'il pourrait s'agir d'un test classique. Si les traders de breakouts attrapent le faux signal, ils réfléchiront à deux fois pour savoir s'ils doivent toujours être long après que le Smart Money les ait fait sortir du marché.

Par conséquent, il pourrait être plus sage d'attendre le stop fishing et que les traders de breakouts aient été pris à contre-pied, pour entrer en position dans le canal de tendance. Le trader a donc une confirmation beaucoup plus forte du rejet. De plus, il trade dans la même direction que le Smart Money qui devrait maintenant faire avancer de nouveau le marché vers l'autre ligne du canal.

Ce qui est intéressant dans l'exemple ci-dessus, c'est qu'après que le breakout « ait échoué », le graphique Heikin-Ashi forme un doji (flèche du dessus), dont le prix de clôture s'est retrouvé exactement sous la ligne de support. Ainsi, les « acheteurs » n'ont pas pu tenir le marché à l'extérieur du canal. Dans ce cas, après la formation du du doji en 4 heures, une position courte aurait été la conclusion la plus logique.

Par conséquent, si le trader est entré en position courte sur le cours d'ouverture de la bougie suivante (à 0,6733), il pourrait mettre un ordre stop-loss quelque part à la hauteur du faux signal (à 0,6790). Il aurait donc un risque de 57 PIPs. La limite indicative aurait ensuite été la borne inférieure du canal, qui à ce moment-là, était proche d'un niveau du chiffre rond de 0,6600. Le trader a donc risqué 57 PIPs pour en gagner 133. Cela correspond à un ratio risque/rendement de 1:2,33. Ce RRR est en effet significativement plus bas que dans les exemples précédents, les faux signaux dans les canaux de tendance sont d'excellentes perspectives de trading avec une forte probabilité de gain.

5. Trader les taux de change entre deux devises (cross rate)

Image 9 : CAD/JPY, graphique journalier Heikin-Ashi

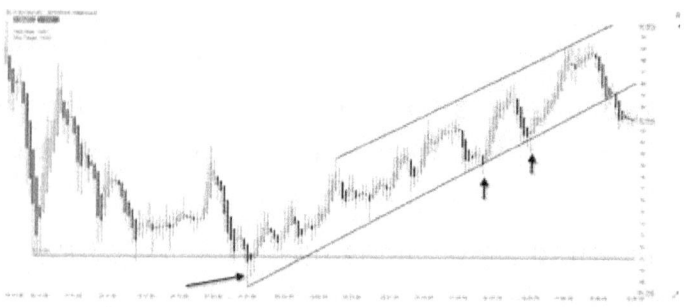

Cela serait logique de temps en temps de regarder au-delà de son propre nez propre et de trader les marchés sur lesquels la communauté de trading internationale ne se concentre pas tellement. Vous n'entendez habituellement rien ou presque rien dans la presse et sur internet concernant les marchés intéressants. Comme ils trouvent moins d'observations ou d'analyses, le trader connaîtra généralement moins de « concurrence ».

Souvent, cela signifie que les tendances sont mieux et que les règles d'analyse technique fonctionnent mieux. Cependant, ne vous laissez pas berner : ici aussi, ou peut-être surtout ici, des acteurs importants sont présents comme l'exemple ci-dessus sur le CAD/JPY (Dollar canadien - Yen japonais) le montre clairement.

Si je trade les cours croisés (paires de devises où le dollar américain n'est pas l'une des monnaies), je voudrais regarder, en tant que swing trader, le graphique journalier car cela me donne souvent une perspective à long terme sur plusieurs années. Je peux voir comment les grands acteurs tradent les monnaies. Ici, vous trouverez souvent des tendances redoutables qui peuvent durer des années.

Donc cela paie bien de faire face à ces marchés. Je préfère regarder ces graphiques le week-end, généralement le dimanche. Ensuite, je ne suis pas impliqué dans des trades quotidiens et deux jours « d'abstinence » du marché boursier me donne la distance nécessaire pour voir les choses que j'ai négligées au cours de la semaine.

Si l'on considère cet exemple du CAD/JPY avec plus en détail, nous voyons ici encore un faux breakout classique vers le bas après que la paire ait trouvé un support à 71 (ligne horizontale du bas). La rupture de ce support ne dura que deux jours.

Les longues ombres sous les deux bougies Heikin-Ashi noires suggèrent que les acheteurs ont pris ce marché encore une fois (nous connaissons ces acheteurs maintenant). La poursuite du développement du graphique montre clairement que ce faux signal fut exactement le début de la tendance à la hausse qui a suivi. Ce que vous pouvez voir (sur le breakout vers le bas, la flèche) : c'est l'exact opposé de ce qui a été réellement voulu.

Après que le Smart Money ait couvert le CAD/JPY au plus bas, ils ont commencé à trader cette paire à la hausse, jour après jour. Puis, il y même eu deux autres bonnes opportunités pour les traders de faux signaux pour entrer sur le marché à bon prix (deux flèches sur la droite). Encore une fois, les grands acteurs ont aidé et ont maintenu le prix dans le canal de tendance.

6. Images plus complexes

Image 10 : EUR/JPY, graphique journalier

L'image 10 montre le graphique journalier Heikin-Ashi de l'EUR/JPY sur la période allant de décembre 2013 à août 2015. Les analystes techniques expérimentés reconnaissent relativement rapidement sur le graphique qu'il s'agit de la ligne de tendance intérieure ou interne qui montre la polarité, ou le fait qu'il y ait souvent une inversion des rôles entre le support et la résistance. De décembre 2013 à novembre 2014, la ligne est clairement une résistance. Les taureaux n'ont jamais réussi à surmonter cette ligne mais une fois qu'ils ont réussi, le 19/09/2014, ce breakout n'est qu'un faux signal (première flèche à gauche).

Entre novembre 2014 et janvier 2015, la paire a ensuite réussi un breakout significatif au-dessus de la ligne de résistance. Néanmoins, les prix reviennent sur la ligne et retombent sous celle-ci. Étonnamment, la ligne figurant après ce breakout était toujours valable et a agi plusieurs fois en tant que résistance. Après deux faux signaux de plus (flèches 2 et 3), la paire est tombée jusqu'à ce qu'elle teste finalement le 3 mai 2015 la ligne de résistance à nouveau, cette fois avec succès !

Après cette date, la fonction de cette ligne de résistance change et devient un support. De plus, nous voyons ici deux faux signaux qui pourraient très bien être tradés.

Image 11 : EUR/JPY, graphique journalier Heikin-Ashi, Avril 2015 – Juin 2016

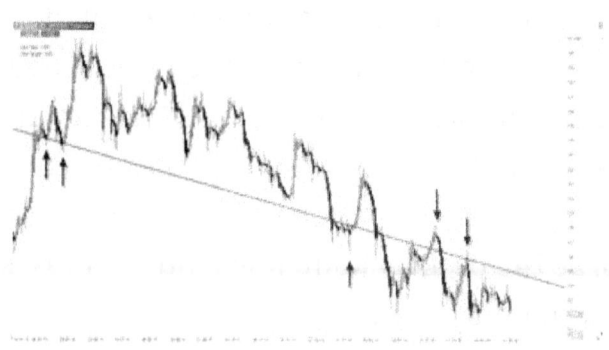

L'image 11 montre la seconde partie de ce graphique. La chose incroyable est que la ligne de tendance interne présente depuis décembre 2013 était encore valide. L'EUR/JPY oscille toujours autour d'elle. Parfois, elle sert de support et parfois de résistance. Jusqu'à la date de cette capture d'écran (2 juin 2016), la ligne reste toujours valable. Ainsi, on devrait continuer à voir des contacts ou des tests, et des faux signaux.

Bien sûr, les lignes de tendance ou les lignes de tendance internes avec une durée de deux ans sont rares, mais elles existent. Cette ligne de tendance interne montre ici la tendance à la baisse peu profonde de l'EUR/JPY depuis deux ans.

Avec de la pratique, le trader sera en mesure de reconnaître les lignes de tendance internes similaires sur les autres graphiques. Elles sont tellement intéressantes parce que les acteurs du marché semblent les respecter sur de longues périodes. Parfois, les tests sont précis mais souvent le Smart Money aime mettre en scène des faux signaux qui sont ensuite généralement d'excellentes opportunités de trading.

Glossaire

Drapeau haussier : mouvement court-terme dans la direction opposé à la tendance principale

Chandeliers : codage des variations de prix sur la base d'une technologie d'analyse japonaise

Figure de continuation : pause dans la tendance principale à la fin de laquelle la direction précédente reprend

Cours croisés : paire de devises où le dollar US n'est pas l'une des deux devises

Doji : figure en chandelier dans laquelle le prix d'ouverture et de fermeture sont au même niveau

Future sur l'E-Mini : contrat à terme sur l'indice américain S&P 500

Forex : Forex Exchange Market - marché international des devises

Marteau : bougie de retournement dans la représentation en chandeliers. La bougie a un petit corps avec de longues ombres sous la bougie

Heikin-Ashi : « Equilibre sur un pied » - représentation japonaise du changement des prix

Ligne de tendance interne : une ligne de tendance dont la fonction change d'une résistance à un support (polarité).

Décision sur les taux d'intérêt : annonce des décisions des banques centrales sur l'évolution future des taux d'intérêt

Position longue : être long signifie que vous avez acheté un titre et que vous le possédez

Momentum : le momentum informe les investisseurs sur le rythme et la force du mouvement des prix

Gestion de l'argent ou Money Management : se réfère à la stratégie avec laquelle un trader peut contrôler le risque d'un portefeuille de titres en déterminant la taille de chaque position de trading individuelle

Pip : Percentage In Point - plus petite unité de changement dans le prix des devises

Range : un range clairement défini sur une période donnée

Gestion des risques ou Risk Management : comprend toutes les mesures d'identification, d'analyse, d'évaluation, de surveillance et de contrôle des risques systématiques

Ratio Risque/Rendement (RRR) : est un indicateur de l'utilité d'un système. Il est calculé en divisant la rentabilité attendue par la perte maximale

Scalping : technique de trading par laquelle un trader trade de petits mouvements du marché

Position vendeuse ou short : un trader est court lorsqu'il vend une position sans détenir l'actif sous-jacent (vente à découvert)

Ordre de vente : ordre de vente automatique déclenché lorsque le marché atteint ce niveau de prix

Spinning Top ou Toupie : il s'agit d'une figure chartiste avec un petit corps et des ombres longues

Stop Fishing : mouvement apparent tardif des plus grands acteurs du marché pour déclencher les stop-loss des petits investisseurs

Ordre stop-loss : ordre de vente qui est activé lorsqu'un certain prix est atteint pour protéger son capital

Suivi de tendance : stratégie de trading qui se concentre sur le suivi de tendance une fois qu'une tendance a été identifiée

Support : niveau de prix auquel de nombreux acheteurs émergent

Volatilité : écart type qui spécifie la façon dont les prix d'un marché varient

Résistance : niveau de prix auquel de nombreux vendeurs émergent

Autres livres de Heikin Ashi Trader

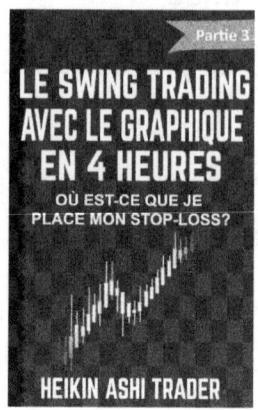

Le Swing Trading Avec Le Graphique En 4 Heures

Partie 3 : Où est-ce que je place mon stop-loss ?

Dans la 3e partie de la série « Le Swing Trading avec le graphique en 4 heures », le Heikin Ashi Trader répond à la question de savoir où le stop-loss doit être placé. Une fois qu'un trader introduit des stop-loss dans son système, son taux de réussite va se détériorer. Cependant, il gagne en même temps en contrôle total de la gestion de ses trades. Les stop-loss ne sont donc pas inévitables mais font partie intégrante d'un système de trading axé sur le profit.

Bien comprendre les stop-loss correspond à l'instrument réel qui rend un bénéfice possible. Puisque l'argent est gagné seulement quand le trade est clôturé, le trader ferait bien d'appliquer une gestion des stop-loss avec le plus grand soin. La formulation de règles claires, à la fois pour le trading de tendance comme pour le trading avec une limite de prix fixe, est obligatoire pour s'assurer que le trader joue son propre jeu.

Chaque tarder rentable a finalement développé ses propres règles. Peu importe le marché qu'il trade, ce trader joue toujours son propre jeu et ne peut être influencé par quoi que ce soit. C'est exactement la persistance et la cohérence avec laquelle ces traders opèrent sur le marché qui font en sorte qu'ils vont devenir un jour le « maître du jeu ».

Sommaire

1. Les stop-loss sont-ils nécessaires ?

2. Qu'est-ce qu'un ordre stop-loss ?

3. La gestion des stop-loss

4. Jouez votre propre jeu

5. Limitez vos pertes

6. Laissez courir vos gains

7. La gestion des stop-loss dans des marchés en tendance

8. La gestion des stop-loss avec des objectifs de prix

9. Le tsunami du Franc Suisse - un moment de guérison pour la communauté du trading

10. Combien de positions puis-je avoir en même temps ?

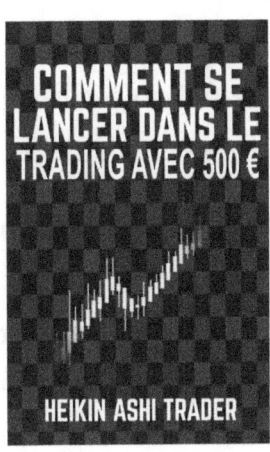

Comment Se Lancer Dans Le Trading avec 500 €

Beaucoup de nouveaux traders n'ont que très peu de capitaux disponibles dès le départ, mais ce n'est toutefois pas un obstacle à une carrière dans le trading. Cependant, ce livre ne décrit pas comment transformer un compte de 500 € en 500 000 € - car ce sont précisément ces espoirs exagérés concernant les rendements futurs qui amènent la plupart des traders débutants à échouer.

Au lieu de cela, l'auteur montre, de manière réaliste, comment vous pouvez devenir un trader à temps plein en dépit d'un capital de démarrage limité. Cela s'applique à la fois aux traders souhaitant rester privés, ainsi qu'à ceux qui veulent éventuellement investir les fonds de leurs clients.

Ce livre montre étape par étape comment le faire avec un plan d'action concret pour chaque étape. N'importe qui peut en principe être trader, si il ou elle est prêt à apprendre comment cette activité fonctionne.

Sommaire

1. Comment devenir un bon trader avec 500 € en poche ?

2. Comment acquérir les bonnes habitudes en trading ?

3. Comment devenir un trader discipliné

4. Le conte de fée des intérêts composés

5. Comment investir avec un compte à 500 € ?

6. Le Trading Social

7. Parlez à votre courtier

8. Comment devenir un trader professionnel ?

9. Faire du trading pour un fond d'investissement

10. Apprenez à créer votre réseau professionnel

11. Devenez un trader professionnel en 7 étapes

12. 500 € représente beaucoup d'argent

Comment scalper avec le Future Mini-DAX?

Grâce à l'introduction du Future Mini-DAX (FDXM), les traders privés avec un petit compte peuvent avoir l'opportunité de scalper de façon professionnelle l'indice boursier allemand, le DAX. Contrairement à la plupart des autres instruments financiers, les Futures sont les plus transparents et les plus efficaces pour se faire de l'argent sur les marchés financiers.

Les Scalpeurs ont beaucoup plus d'opportunités de trading que les Traders de position ou les Day Traders, ce qui constitue la vraie force de ce style de trading. Un Scalpeur doit donc organiser ses capitaux bien plus efficacement que tous les participants du marché et ainsi obtenir des rendements bien meilleurs que les autres.

Heikin Ashi Trader montre dans ce livre comment scalper ce nouveau Future sur le DAX. Vous apprendrez comment entrer en position, comment gérer votre position et à quel moment vous devez sortir du marché. De plus, ce livre contient un grand nombre d'astuces et d'outils pour rendre votre trading encore plus efficace et plus précis.

Sommaire

1. L'Eurex Introduit Le Future Mini-Dax

2. Le Dax Allemand, Un Marché Populaire Pour Les Traders Internationaux

3. Les Avantages Du Trading Sur Les Futures

4. Le Graphique Heikin-Ashi

5. Qu'est-Ce Que Le Scalping ?

6. Quels Sont Les Avantages De Devenir Un Scalpeur ?

7. Paramètres De Base Du Scalping Avec Heikin Ashi

8. Stratégies D'entrées

9. Est-ce intéressant de re-entrer en position ?

10. Stratégies De Sorties

11. Est-ce que les objectifs multiples sont intéressants ?

12. Quand Devez- Vous Scalper Le Future Mini-Dax (Et Quand Faut-Il Eviter) ?

13. Outils Utiles Pour Les Scalpeurs

   A. Placer Des Ordres

   B. Ouvrir Et Fermer Des Ordres

   C. Gérer Les Ordres Ouverts

   D. Le Trailing Stop Comme Outil De Maximisation De Profits

14. Les Différents Ordres De Stop-Loss

A. Le Stop-Loss Fixe

B. Le Trailing Stop

C. Le Stop Linéaire

D. Le Time Stop

E. Le Stop Parabolique

F. Link Stop Orders

G. Stop-Loss Multiples Et Cibles Multiples

15. Sur Les Bourses, L'argent Est Fait Avec Les Stratégies De Sorties !

16. D'autres Développements De L'analyse Du Marché

A. Niveaux Clés Des Prix

B. Statistiques En Direct

Epilogue

Glossaire

Plus De Livres Par Heikin Ashi Trader

À Propos De L'auteur

À propos de l'auteur

Le trader Heikin Ashi est reconnu dans le monde entier comme le spécialiste du scalping avec le tableau Heikin Ashi. Il pratique ce type de trading depuis 19 ans. Il a négocié pour un fonds spéculatif et s'est ensuite lancé dans les affaires pour son propre compte en tant que trader. Son livre sur le scalping " Scalping is Fun ! "est un best-seller international et a été vendu plus de 30 000 fois. Vous pouvez trouver plus d'informations sur sa méthode de scalping sur ce site www.heikinashitrader.net.

Impression

© 2017 Heikin Ashi Trader

Tous droits réservés. Aucune partie de ce livre ne peut être reproduite ou transmise, sous aucune forme et d'aucune façon, électronique ou physique, y compris photocopies, enregistrement, ou par quelque moyen de sauvegarde ou de restauration que ce soit, sans une autorisation écrite de l'auteur.

Avertissement. Ce produit et sa documentation sont protégés par copyright. Les informations de ce document sont données « à titre indicatif», sans garantie. Bien que toutes les précautions aient été prises lors de la préparation de ce document, l'auteur ne pourra être tenu responsable envers quiconque de toute perte ou dommage occasionné, ou supposé occasionné, directement ou indirectement par les informations contenues dans ce document.

Première édition 2017

Textes: © Copyright par Heikin Ashi Trader

Plaza de San Cristobal, 14

03002 Alicante, Spain

Tous droits réservés.

www.ingramcontent.com/pod-product-compliance
Lightning Source LLC
Chambersburg PA
CBHW061205180526
45170CB00002B/966